# IL MILANESE IMBRUTTITO

## il book di MilanoMilano

Rizzoli

ISBN 978-88-17-08378-2
Prima edizione: giugno 2015

Progetto grafico e impaginazione: Rebecca Frascoli / Pepe NyMi

www.facebook.com/IlMilaneseImbruttito

www.twitter.com/mi_imbruttito

# INTRODUZIONE

Milano non ha certo pazienza, i Milanesi meno che mai.
Perché vanno sempre tutti di fretta?
È vero che, come molti di loro pensano, se schiacci più volte il pulsante di chiamata l'ascensore arriva prima? Cosa può accaderti se non sei reattivo al verde?
E se applaudi il pilota dopo un bell'atterraggio? Vinci qualcosa?
Sei sicuro che chiedere "Scusi, esce?" a un Milanese mentre sta parcheggiando sia una buona idea? Da quando non si fa più la spesa, ma "un salto all'Esselunga"?
E se al bancone del bar non aspetti il caffè con la bustina di zucchero già in mano, te lo danno? Come mai a Milano i tuoi amici fanno fatica a ricordarsi come ti chiami ma sanno benissimo "di cosa ti occupi"?
Ma soprattutto: "essere in sbattimento" è una condizione cronica e irreversibile?

Esistono infiniti modi per riconoscere un Milanese Imbruttito: in alcuni casi fa parte della tua vita da sempre, in altri è facilmente smascherabile mentre si infila il telefono nel casco per ottimizzare i tempi morti anche in scooter. Oppure appena ti domanda se hai letto la mail che ti ha inviato un nanosecondo prima.
O, ancora, quando al ristorante attende un piatto per più di quattro-minuti-quattro e incomincia a lamentarsi, convinto che in cucina si siano dimenticati di lui.
Il Milanese Imbruttito è sempre "sul pezzo", odia essere "asciugato", ama bersi "una roba" uscito dall'*office*, a fine serata "fa quello che va", non è stanco ma "asfaltato", "sbarella" se lo tocchi mentre gli parli o se viene salutato con tre baci, ogni tanto gli capita di essere "preso male", se desidera essere "mollato" non sta dicendo di voler ritornare single e – a differenza del suo nemico giurato, il Giargiana – conosce perfettamente il significato della parola "Giargiana".

Milanesi Imbruttiti si nasce, ma allo stesso tempo si diventa per necessità, perché Milano è una palestra che non ammette scuse ed è piena di personal trainer che non transigono. Ecco perché questo libro è uno strumento indispensabile per evitare errori banali e scivoloni imperdonabili, per prendere confidenza con questo bizzarro personaggio che non è mai né in orario, né in anticipo, è già lì, e in cui - forse - prima o poi ti trasformerai anche tu.

Più che altro
uno “state of mind”.

Il Milanese Imbruttito

# NON HA IMPEGNI, HA SBATTIMENTI

Che poi dipende dall'intonazione e dal contesto: c'è il "Figa" di stupore, il "Figa se sei lento", il "Figa" affermativo e il "Fffiga era ora!".

Il Milanese Imbruttito

# USA LA PAROLA "FIGA" COME INTERCALARE

Certo! E chi l'ha più visto poi...

Il Milanese Imbruttito

# TRANQUILLO, CI PENSO IO

E in entrambi i casi
se ne va in sbattimento!

Il Milanese Imbruttito

# DURANTE LA SETTIMANA ORGANIZZA IL WEEKEND, DURANTE IL WEEKEND ORGANIZZA LA SETTIMANA

“Dov’è che abiti? A Lambrate?
No, guarda, è dall’altra parte di Milano.
Prenditi un taxi!”

Il Milanese Imbruttito IN AUTO

# TI DÀ UN PASSAGGIO SOLO SE SEI DI STRADA

**Concept, location, target, fyi, budget, prospect, call, check, asap.**

Il Milanese Imbruttito IN OFFICE

# USA INGLESISMI A CAZZO!

“Figa, sta facendo il suo lavoro.
Perchécazzo dovrei applaudire?
Quando io entro in ufficio
non ho mai sentito mezzo applauso!”

Il Milanese Imbruttito IN AEREO

# NON APPLAUDE MAI DOPO L'ATTERRAGGIO

**E si è anche già preparato l'euro per pagare al volo!**

Il Milanese Imbruttito **AL BAR**

# ORDINA IL CAFFÈ CON LA BUSTINA DI ZUCCHERO GIÀ IN MANO

Ma è convinto che l'unico derby
in Italia sia quello di Milano.

Il Milanese Imbruttito

# CALCISTICAMENTE PARLANDO NON HA CUGINI

**Secondi preziosi guadagnati nella sua giornata produttiva...**

Il Milanese Imbruttito

# CHIAMA L'ASCENSORE MENTRE CHIUDE LA PORTA DI CASA

Frase che l'Imbruttita dice
17864783267 volte al giorno.

Il Milanese Imbruttito MEETS L'IMBRUTTITA

# MA TI PARE?!

**Il Milanese Imbruttito ha poco tempo**
**e non si fida di nessuno...**
**Figuriamoci dei camerieri.**

# SE ASPETTA UN PIATTO PER PIÙ DI QUATTRO MINUTI PENSA CHE SI SIANO DIMENTICATI

“Figa, mollatemi con ’sti gruppi
e tutte le menate che girano su Whatsapp!”

Il Milanese Imbruttito **SU WHATSAPP**

# VISUALIZZA MA NON RISPONDE

# LA GRAMMATICA IMBRUTTITA: LE PERIFRASI

**A Milano esistono perifrasi che l'Imbruttito ama utilizzare per enfatizzare alcuni concetti chiave, per dare risposte-tranello, o per porre l'accento su un punto fondamentale.**

## SI POTREBBE ANCHE FARE

In questo caso il significato è NO. Quindi la perifrasi imbruttita è un dissenso, o una riposta negativa mascherata da accondiscendenza. Per essere compresa nella sua reale essenza, la risposta imbruttita necessita di un'attenta analisi: contesto di Q&A, gestualità, tono e sguardo. "Si potrebbe anche fare", detto da uno che ti risponde legando lo scooter al paletto, è matematicamente NO.

## MA ANCHE NO

La perifrasi indica che avete detto una cagata pazzesca che non merita la minima considerazione. È un'enfatizzazione totale che precede il "Vaffa", detto in faccia oppure sussurrato appena il Giargiana di turno alza i tacchi.

## FACCIAMO QUELLI CHE VANNO

Qui la genesi della perifrasi è poco chiara. L'Imbruttito, infatti, non si limita a dire "Andiamo" ma, appunto, esagera e diventa logorroico con il "Facciamo quelli che vanno". La sensazione è che voglia cercare consenso su una decisione presa in solitaria. Ma l'interpretazione resta difficile. Se sapete dirlo voi... *more than welcome*.

## COSTA UN BOTTO

Per dire "caro" nel senso di *cash* pesante che parte per l'acquisto (roba tipo la borsa limited edition di turno, lo sci super tecnico ultra light-ultra smart-quasi umano e che scia al tuo posto). Lo si usa sia in senso negativo: "Guarda quel pirla che ha speso un botto per un paio di sci. Cazzoavranno mai?". Ma anche per vantarsi: "Oh raga, ho pagato un botto questa tutina in tessuto tecnico che quasi non si vede. Mille euro, ma bella lì eh! Quando la metti per sciare è tutta un'altra roba".

## CE LA POSSO FARE

È un SÌ che indica uno sforzo da parte dell'Imbruttito. "Ma sì dai, ce la posso fare" ad arrivare all'ape, ma anche a finire un report pacco capitato tra capo e collo il venerdì alle 17.35.

"Allora sistemiamo la presentazione,
poi spostiamo l'appuntamento delle 14
e organizziamo una call per domani..."
Lui parla, fa fare agli altri
e poi si prende i meriti!

Il Milanese Imbruttito IN OFFICE

# USA IL PLURALE PER DELEGARE

E via di suonata di clacson
per almeno sei secondi!
Mai rallentare al verde
con un Imbruttito dietro.

Il Milanese Imbruttito **IN AUTO**

# CAZZO FRENI CHEÈVERDE?!

**Termine che non appartiene nemmeno lontanamente al suo vocabolario!**

Il Milanese Imbruttito AL BAR

# NON HA MAI CHIAMATO LA BRIOCHE "CORNETTO"

Auricolare bluetooth tattico zero sbatti;
occhiale tattico per la moto;
camicia in lino tattica per la spiaggia...

Il Milanese Imbruttito

# AGGIUNGE L’AGGETTIVO “TATTICO” PER ELOGIARE I SUOI ACCESSORI

**“Grazie e buon viaggio!”**

**3, 2, 1: “Mava’acagare!”.**

Il Milanese Imbruttito **IN AUTO**

# MANDA SEMPRE A CAGARE LE MACCHINETTE AUTOMATICHE CHE LO RINGRAZIANO

“Figa in metro non si sa mai,
è un attimo che te lo scavallano!”

Il Milanese Imbruttito IN METRO

# CONTROLLA OGNI DUE SECONDI SE HA IL PORTAFOGLIO ANCORA IN TASCA

**“Scusi, esce?”**

**“No, guardi, ho acceso la macchina perché non avevo un cazzo da fare...”**

Il Milanese Imbruttito **IN AUTO**

# NON SOPPORTA QUANDO GLI CHIEDONO SE STA USCENDO DAL PARCHEGGIO

Perché ha una cognizione del tempo
totalmente personale...
Anche perché ne ha sempre poco.

Il Milanese Imbruttito

# DICE "L'ALTRO GIORNO" ANCHE QUANDO PARLA DI UN MESE FA

**Punto.**

Il Milanese Imbruttito

# BEATO TE CHE NON CAPISCI UN CAZZO!

Sabati, domeniche e ferie comprese!

## Il Milanese Imbruttito

# È SEMPRE OPERATIVO

**Soprattutto quando è “in serata”.**

Il Milanese Imbruttito

# NON È UBRIACO, È PRESO BENE

E poi però si lamenta
se il meteo sbaglia.

Il Milanese Imbruttito

# PER SAPERE CHE TEMPO C'È NON APRE LA FINESTRA, GUARDA IL METEO

**Cazzovuoldire “img_07_Def_v4”?**
**Rinominalo con il suo nome corretto!!!**

Il Milanese Imbruttito IN OFFICE

# NON SOPPORTA I FILE RINOMINATI ALLA CAZZO!

"Tre baci? Ma per chi mi hai preso?!"
Tassativamente due, né uno di più,
né uno di meno.

Il Milanese Imbruttito MEETS L'IMBRUTTITA

# CAZZOMISALUTI CON TRE BACI?!

# I 5 IMBRUTTITI IN METROPOLITANA

## IL LETTORE

Uomo o donna in tenuta da ufficio oppure anziana smart. Si piazza generalmente all'estremità dei sedili e non ha il minimo contatto con il mondo che lo circonda. Spesso sceglie le carrozze in testa o in coda. Concentratissimo sulla sua lettura, non si lascia distrarre neanche dalla metro che inchioda a 110 km/h. Alterna libri cartacei a ebook reader (rigorosamente su iPad o Kindle Fire) con ammirevole fierezza. Non ha mai rivolto la parola a nessuno.

## L'EQUILIBRISTA

Tipicamente un personaggio distinto, silenzioso e introspettivo. Odia a tal punto le carrozze della metro da non sopportare l'idea di reggersi agli appositi sostegni ("Sei fuori?! Cingalesi, Giargiana e provinciali hanno contaminato tutti i pali delle carrozze, figa!"). È talmente esperto da riuscire a leggere il giornale sfogliando le pagine senza il minimo cenno di perdita di equilibrio. Non chiede mai a quello che gli sta davanti: "Scende alla prossima?". Lo sa già!

## L'IMPAZIENTE

Lo riconosci subito in banchina: controlla ogni secondo e mezzo quanto manca all'arrivo della metro. Conosce perfettamente il punto preciso in cui le porte si apriranno ed è pronto a scattare in carrozza come una molla. Occupa il posto (chiaramente in piedi, non ha tempo per sedersi) adiacente alle porte e conosce sempre il loro lato d'apertura. È sempre il primo a scendere e macina gli scalini delle scale mobili a due a due con l'abbonamento già in mano per non perdere tempo ai tornelli.

## LO SPLENDIDO

Adora mettersi in mostra e farsi sentire. In piedi e mai seduto, ama raccontare la sua giornata o la sua vita meravigliosa urlando ai suoi amici/colleghi/genteacaso. Gesticola molto per essere più incisivo nell'esposizione.
N.B. In assenza di amici/colleghi non esita a chiamare il primo contatto della rubrica del suo iPhone 5S per raccontargli tutti gli sbatti che ha avuto o che avrà!

## L'ATLETICO

Approfitta di un paio di fermate per sfoggiare il suo kit da running, con tanto di Free Run giallo fluo e collant neri. IPod/iPhone rigorosamente nella fascia touch da braccio, non emana nessun tipo di odore, buono o cattivo che sia, ed è l'unica specie vivente a non sudare dopo una corsa. A volte lo si può incontrare con un sacchetto della spesa in mano, perché dopo la corsa ha fatto un salto all'Esselunga. *Timesaving*!

**Il Milanese Imbruttito è un mago dell'ottimizzazione. Ottimizzerebbe qualsiasi cosa, e ovviamente guarda con un misto di disprezzo e rassegnazione chi non fa lo stesso.**

Il Milanese Imbruttito AL SUPER

# IN CODA ALLA CASSA METTE IL CARRELLO IN ORIZZONTALE PER OTTIMIZZARE LO SPAZIO

# Le frasi "motivazionali" del Milanese Imbruttito!

Il Milanese Imbruttito

# BENE
# MA NON BENISSIMO

**La Lalla, Il Roby, La Ceci, Il Luca;
per il Milanese Imbruttito ormai l'articolo
fa parte del nome.**

Il Milanese Imbruttito

# METTE SEMPRE L'ARTICOLO DAVANTI AI NOMI

Cazzomisignifica “Nì”?!

O è sì o è no, figa!

Il Milanese Imbruttito

# NON SOPPORTA LA RISPOSTA "NÌ"

E se lo chiami, ti risponde:
"Sono in riunione, posso richiamarti
io fra cinque minuti?".

# CHIAMA "RIUNIONE" ANCHE DUE CHIACCHIERE DAVANTI ALLA MACCHINETTA DEL COFFEE

**Probabilmente non rientra nemmeno nella grammatica milanese.**

Il Milanese Imbruttito

# NON USA MAI IL PASSATO REMOTO

“Cazzocontrolli, non vedi
che sono fresche di Bancomat?!”

Il Milanese Imbruttito

# SI INFASTIDISCE QUANDO GLI CONTROLLANO SE LE BANCONOTE SONO VERE

"Guarda, stasera non ce la faccio
proprio a passare..."

Il Milanese Imbruttito

# NON È CHE NON VUOLE, LUI NON CE LA FA

“Be’, però almeno mangi quanto vuoi!”

#epicfail

Il Milanese Imbruttito MEETS L'IMBRUTTITA

# ALL'ALL YOU CAN EAT PORTACI QUALCUN'ALTRA

"Oh, senza figa ieri sera!"
(dopo una serata in cui l'unico uomo era lui).
"Senza pioggia oggi, eh?!"
(durante il diluvio universale).

Il Milanese Imbruttito

# USA IL "SENZA" PER INDICARE ABBONDANZA!

**Perché per il Milanese Imbruttito non esistono impegni, esistono sbattimenti!**

Il Milanese Imbruttito

# TRA IL DIRE E IL FARE C'È DI MEZZO LO SBATTI

Il Milanese Imbruttito se ne rende conto
solamente quando lei chiede
di poter tornare nelle Filippine
a trovare family e amici.

Il Milanese Imbruttito

# CREDE CHE "LA FILIPPINA" SIA UN MESTIERE, NON UNA NAZIONALITÀ

**In alcuni casi dicendo anche in playback**

**"Il conto", ma senza mai scomporsi troppo.**

# NON CHIEDE IL CONTO, MIMA IL GESTO DELLA FIRMA

# I 5 IMPREVISTI CHE RALLENTANO LA CORSA DEL M. I.

**Ci sono le giornate nere e il M. I. lo sa. In un gioco perverso e sadico, abbiamo immaginato che cosa potrebbe accadere se i cinque peggiori sbattimenti capitassero tutti insieme in successione.**

## IMPREVISTO #1 LA SVEGLIA

Il M. I. al primo trillo della sveglia è già in piedi operativo, con annesso giramento di testa per il brusco movimento in risalita. Ancora assonnato prova a inforcare le ciabatte, ma un errato calcolo delle misure provoca l'imprevedibile scontro mignolino-spigolo dell'armadio. E al giramento di testa si aggiunge subito quello di balle.

## IMPREVISTO #2 LA COLAZIONE

Ancora dolorante, il M. I. cerca di recuperare il tempo perduto nell'infortunio velocizzando ulteriormente la preparazione del suo *breakfast*. Agguanta al volo la confezione di latte, la apre e alla prima goccia versata uno tsunami di *milk* straborda dalla tazza, provocando danni ingenti nella zona circostante. Sa che è inutile piangere sul latte versato, ma i minuti necessari per ripulire la scena del delitto provocano in lui un nervosismo di sgarbiana memoria.

## IMPREVISTO #3 L'ASCENSORE

Finalmente il M. I. è pronto per uscire, direzione *office*. L'attesa prolungata dell'ascensore (14 secondi) provoca in lui irritazioni cutanee. Appena si spalancano le porte si catapulta dentro ma... sorpresa! Il vicino più antipatico del condominio è lì ad attenderlo.
Il M. I. recupera nei cassetti della sua memoria, alla voce "ricordi inutili", tutti i discorsi da ascensore pronunciati negli ultimi anni. Ma a complicare ulteriormente le cose ci pensano i fidi compagni del vicino: due sacchetti di immondizia che sfiorano pericolosamente l'abito del M. I. e gli provocano di prima mattina conati di vomito. Naturalmente il vicino la sera prima ha cenato con zuppa di cozze e cipolle. Odori e sapori indimenticabili.

## IMPREVISTO #4 I MEZZI PUBBLICI

Con accelerazione crescente, l'Imbruttito raggiunge la fermata del bus. Anche qui però si trova a fronteggiare un'amara sorpresa: la scritta RICALCOLO. Prova a dare fiducia all'autobus attendendo una quarantina di secondi, ma poco dopo sbuffa e riprende la corsa verso la stazione della metropolitana più vicina.

## IMPREVISTO #5 I LENTI

Il M. I. è finalmente a bordo della metro che lo porterà in ufficio. Superati i piccoli sbattimenti quotidiani (Giargiana che si impiantano contro il tornello e Giargiana che si impiantano davanti alle porte) scende dal convoglio e pratica l'ultima specialità prima di raggiungere l'*office*: lo slalom gigante tra la gente. Dribbla gli ultimi Giargiana e si esibisce in un doppio passo che neanche Ronaldinho ai tempi d'oro. Ma, tornato all'aria aperta, le prime gocce di pioggia scendono dal cielo. E il M. I. odia l'ombrello.

"Facciamo domani alle 19?"

"Andata!"

# QUANDO PRENDE UNA DECISIONE DICE "ANDATA!"

**La falsa promessa del Milanese Imbruttito.**
**Nonostante sappia BENISSIMO**
**che non vi raggiungerà mai,**
**lascia sempre una speranza.**

Il Milanese Imbruttito

# AL MASSIMO VI RAGGIUNGO DOPO

“Giustamente! È già scattato il verde
da 0,32 secondi e sei ancora lì
a contarti le dita della mano?!
Muoviti figa, sei a Milano!”

Il Milanese Imbruttito

# SUONA IL CLACSON APPENA SCATTA IL VERDE!

**Ovvio! In questo modo risparmia almeno sette secondi a doccia!**

Il Milanese Imbruttito

# SISTEMA I FLACONI DI BAGNOSCHIUMA E SHAMPOO A TESTA IN GIÙ PER NON PERDERE TEMPO

Non si sa mai,
metti che ti ha scritto Obama!

Il Milanese Imbruttito

# APPENA SVEGLIO CONTROLLA LA MAIL

**Giusto per sottolineare il concetto.**

Il Milanese Imbruttito MEETS L'IMBRUTTITA

# NON DICE "NO", DICE "MA ANCHE NO"

La domanda viene spontanea:
"Ma se l'unico modo giusto per farlo è il tuo,
perché non lo fai tu?".

Il Milanese Imbruttito IN OFFICE

# DELEGA, MA POI SI LAMENTA SPIEGANDO COME ANDAVA FATTO

**Anche perché l'atto del sorpasso**
**è solo la punta dell'iceberg:**
**prima c'è stato un percorso composto da**
**insulti vari, tentativi di sorpasso**
**e scleri verso un'entità**
**non meglio identificata.**

# QUANDO TI SUPERA NON METTE LA FRECCIA, TI SUONA

"E tu? Di cosa ti occupi?"

Il Milanese Imbruttito

# NON TI CHIEDE "COME TI CHIAMI", TI CHIEDE "DI COSA TI OCCUPI?"

"Be', un paio di lampados
prima di partire
non te le fai?!"

Il Milanese Imbruttito

# VA AL MARE PER ABBRONZARSI, MA SI FA LE LAMPADE PER ANDARE AL MARE

"Cazzotenefrega?!
Se voglio scendere scendo,
se voglio stare su sto su!
Saranno pure affari miei, o no?!"

Il Milanese Imbruttito IN METRO

# NON SOPPORTA LA DOMANDA: “SCUSI, SCENDE?”

**Il Milanese Imbruttito ti dice: “Ci riaggiorniamo” anche se stai partendo per l’Himalaya senza cellulare né internet.**

Il Milanese Imbruttito

# UTILIZZA IL "CI RIAGGIORNIAMO" SENZA CONTROLLO

La famosa “Camminata da struzzo”.

Terribile.

Il Milanese Imbruttito MEETS L'IMBRUTTITA

# CAZZO METTI I TACCHI SE POI CAMMINI CON LE GINOCCHIA A PUNTA?!

**Classica espressione**
**per dire "Andiamo?",**
**ma in modo più morbido.**

Il Milanese Imbruttito

# FACCIAMO QUELLI CHE VANNO?

# I 5 COLLEGHI IMBRUTTITI IN UFFICIO

## IL FATTURA-ADDICTED

Estremamente interessato alla quantità più che alla qualità, ragiona in *quarters* (Q1-Q4) e fogli excel. Gran calcolatore, valuta i progetti in base alla fattibilità economica e ai ricavi stimati. Uomo di poche parole, rientra spesso nella categoria di quelli che in pausa pranzo parlano di lavoro. La prima fattura emessa quest'anno? 01/01/2015, ovviamente!

## L'AGITATO

Quello che è sempre su di giri (anche il lunedì mattina ore 9). Colleziona palline antistress. In un'ora è in grado di girare 15 mail, fare 3 meeting, 2 colloqui, finalizzare un paio di progettini e bersi pure due *coffee*... Parla velocissimo esprimendo concetti per lui ovvi e ti tratta spesso e volentieri come un imbecille. Se sei appena stato in vacanza in India, rovinerà il tuo karma in 3,21 secondi.

## IL BROCCOLONE

È quello che dal primo giorno in ufficio applica la tecnica: "Aggiungo su Fb tutte le colleghe, in sequenza le invito a cena e vediamo come va... Oh, alla fine una me la darà!". Brillante nelle pause caffè, racconta solo storie incredibili e offre sempre sigarette alle colleghe, ritenendolo un gesto di galanteria. Egocentrico e narcisista, confonde spesso occhiate di compassione con sguardi erotici. Non ha capito che le colleghe si parlano tra loro. Fallimentare!

## IL VETERANO

Se la vive in sordina, interviene solo se necessario. Un veterano, appunto: lavora nel tuo ufficio da prima che lo aprissero, il tuo ufficio. Uomo dalla scrivania molto ordinata, scrive i progetti a penna e ogni due per tre ti chiede di risolvere banali problemi tecnologici. Manda ancora i fax e si lamenta che "non ci sono più i budget di una volta". Non ha ancora capito la differenza tra .PDF e .doc!

## LA PIÙ FIGA DELL'OFFICE

È la prima che il broccolone ha aggiunto su Facebook e uno dei principali motivi per andare in ufficio ogni mattina. Facilmente riconoscibile dal rumore dei tacchi, tende a non dare troppa confidenza ai colleghi. Non molto abile nel suo lavoro ma fondamentale per mantenere alta l'immagine dell'azienda, difficilmente ammette i suoi errori. Alla prima occasione ti presenta il fidanzato (giusto per farti capire che "non è cosa") e puntualmente pacca ogni tipo di iniziativa proposta nel dopoufficio. Da lasciar perdere!

Uè Grandissimo. Uè Roccia.
Uè Bomber. Uè Testina.
Uè Baluba. Uè Africa. Uè Carissimo.

Il Milanese Imbruttito

# NON DICE “CIAO”, DICE “UÈ”

**“Cazzomitocchi?
Capisco anche se non
mi appoggi continuamente
la mano sulla spalla!”**

Il Milanese Imbruttito

# NON SOPPORTA CHE LA GENTE LO TOCCHI MENTRE GLI PARLA

“Bellavita che ti fai!”

Il Milanese Imbruttito SU FACEBOOK

# COMMENTA LE FOTO DI QUELLI CHE SONO SEMPRE IN GIRO SCRIVENDO: "ANDARE A LAVORARE NO?!"

“Ovvio, perché dovrei farmi
la coda al check-in?
Il posto prenotato ce l’ho
e un buco per il bagaglio a mano
lo trovo sempre!”

Il Milanese Imbruttito IN AEREO

# È L'ULTIMO A IMBARCARSI

Il primo comandamento
del Milanese Imbruttito.

Il Milanese Imbruttito

# FIGA MOLLAMI!

**“Faccio mente locale**
**e ti faccio sapere più tardi!”**

Il Milanese Imbruttito

# NON PENSA, FA MENTE LOCALE

"Mica siamo a fare un giro turistico!"

Il Milanese Imbruttito

# TI SORPASSA ANCHE A PIEDI

**Il Milanese Imbruttito**
**molto spesso non pranza,**
**e quando lo fa,**
**lo fa molto velocemente**
**perché ha ottomilacosedafare.**

Il Milanese Imbruttito

# NON PRANZA, MANGIA UN BOCCONE AL VOLO

"Non è che se piove
devi andare a due all'ora
e frenare ogni mezzosecondo!"

Il Milanese Imbruttito IN AUTO

# DUE GOCCE E LA GENTE SI DIMENTICA COME SI GUIDA!

**Perché il Milanese Imbruttito**

**è un vero gentleman.**

Il Milanese Imbruttito AL RISTORANTE

# PAGA IL CONTO FACENDO FINTA DI ANDARE IN BAGNO

In realtà, ti scrive "Happybday"
e poi il resto lo scrive con gli hashtag, tipo:
#tanticuori #amiche #neverendingparty
#love #bestdayoftheyear #top #bestfriend #love

Il Milanese Imbruttito MEETS L'IMBRUTTITA

# NON TI FA GLI AUGURI DI COMPLEANNO, TI SCRIVE "HAPPYBDAY"

**Non dice “Attento che ti investono”,
dice “Ocio che ti stirano”.**

Il Milanese Imbruttito

# NON DICE "ATTENTO", DICE "OCIO"

Grande classico ogni volta
che suoni al Milanese Imbruttito.
Ovviamente lui vive
attaccato al clacson.

Il Milanese Imbruttito IN AUTO

# CAZZOTISUONI?!

**“Figa, hai un telefono... usalo!”**

**E poi lui è il primo a non rispondere.**

Il Milanese Imbruttito

# NON SOPPORTA QUELLI CHE NON RISPONDONO AL TELEFONO

# LE 5 REGOLE DEL M. I. ALLA GUIDA

**Come sapete il rapporto tra M. I. e automobile è qualcosa che va oltre l'ordinario. Il codice etico, le regole base di sopravvivenza, la capacità di riconoscere gli storditi dai milanesi, la reattività... Vediamo le regole base per sopravvivere al traffico meneghino senza diventare un Giargiana.**

## REATTIVITÀ AL SEMAFORO

Teoria vuole che dovresti già conoscere il timing di tutti i semafori di Milano. Pratica insegna che se aspetti un secondo di troppo prima di partire al verde, vieni punito a colpi di clacson. Consiglio: impara a regolarti con l'attraversamento pedonale, potrebbe salvarti da situazioni scomode.

## SE SBAGLI, CHIEDI SCUSA

Spesso il M. I. commette errori al volante. Il più comune è appunto il non scattare al verde, ma può anche esserci l'approccio scorretto a un parcheggio, la mancata precedenza, un abbagliante di troppo... Consiglio: appoggia l'iPhone che hai in mano e lentamente alza il braccio destro con scatto finale e palmo aperto. Chi ti ha suonato il clacson capirà di aver raggiunto il suo obiettivo e tu avrai rispettato il codice etico.

## IMPARA A USARE LE FRECCE

C’è una legge non scritta che dice: “Il M. I. insulta chi non mette le frecce per svoltare, ma è il primo a non usarle mai”. Impara a usarle con criterio (l’eccesso ti trasforma in un Giargiana intimorito): se devi svoltare, mettila all’ultimo, nessuno potrà dirti un cazzo e alla peggio avrai una scusa per insultare chi ti suona il clacson. Ocio alle rotonde: non essendo una cosa tipicamente milanese, potrebbero confonderti.

## PER I PARCHEGGI CI VUOLE OCCHIO

L’errore più banale in cui cadere è la scorretta valutazione di spazi e misure. Se hai un Q7 è inutile che tenti di entrare dove è appena uscita una Smart. Soprattutto se ti trovi in una strada a senso unico con dietro altri venti cristiani che aspettavano proprio te per sfogare lo stress di un intera giornata con un solo, intenso, prolungato colpo di clacson. Valuta i centimetri, usa le sponde per entrare in spazi inimmaginabili ai Giargiana targati MB, crea parcheggio dove non esiste e mi raccomando: gratta e sosta sempre in vista!

## ADEGUA L’ANDATURA DI MARCIA

È vero che esistono i limiti di velocità, ma è anche vero che: “Chi va piano è un pericolo per chi ha fretta e viceversa!”. Adegua la tua velocità di marcia alle situazioni. Esempio: se ti trovi in circonvallazione interna (cerchia dei Navigli) e prendi il primo verde in De Amicis, è inutile andare a 50 Km/h. Perderai l’onda verde. Così come: che senso ha scannare in Monte di Pietà?!

Perché, non è vero?!

Il Milanese Imbruttito

# PENSA CHE, PREMENDO IL PULSANTE PIÙ VOLTE, L'ASCENSORE ARRIVI PRIMA

“Ciao, senti non so
se hai letto la mia mail...”
E comecazzofacevo
che me l’hai mandata
due secondi fa?!

Il Milanese Imbruttito IN OFFICE

# TI CHIAMA PER DIRTI CHE TI HA APPENA INVIATO UNA MAIL

Perché è già in sbattimento
per le mail arretrate
e non lette durante il volo!

Il Milanese Imbruttito IN AEREO

# APPENA L'AEREO TOCCA TERRA ACCENDE L'IPHONE

**Soprattutto la domenica sera,**
**quando il weekend è agli sgoccioli**
**e sa che l'indomani avrà mille sbattimenti.**

Il Milanese Imbruttito

# NON È TRISTE, È PRESO MALE

“Ti pare che poi devo mangiarmi
le mele che hai toccato
con le tue mani schifose?!”
(anche se poi le disinfetta e le sbuccia).

Il Milanese Imbruttito **AL SUPER**

# CONDANNA CON LO SGUARDO CHI PRENDE FRUTTA E VERDURA SENZA IL GUANTO

"Si chiama educazione, se non sai come muoverti in metro non usarla!"

## Il Milanese Imbruttito IN METRO

# PRIMA DI SALIRE LASCIA SEMPRE SCENDERE!

E si dividono tra contatti
“suMilano” e “fuoriMilano”.

Il Milanese Imbruttito

# NON HA AMICI, HA CONTATTI

"No guarda, sono in chiesa. Però ti ascolto."

Il Milanese Imbruttito

# TI CHIAMA CHIEDENDOTI SE "PUOI PARLARE"

"… Dai, ci riaggiorniamo più tardi
e ti faccio sapere."
Più che una frase, uno stile di vita!

Il Milanese Imbruttito

# SCAPPO CHE SONO DI FRETTISSIMA!

**Minimo, il pedone ha rallentato**
**la corsa verso la produttività quotidiana...**
**Ci mancherebbe che non lo ringrazi.**

# TI FA ATTRAVERSARE LA STRADA, MA PRETENDE IL GESTO DI RINGRAZIAMENTO

Come cazzo fai a chiamare
una chiavetta USB
“pennetta”?

Il Milanese Imbruttito

# NON CHIAMA MAI LA CHIAVETTA "PENNETTA"

**Situazione tipica di quando**
**non lo senti per settimane,**
**hai provato a mandargli mille mail**
**e lui, per errore, ti risponde al telefono.**

Il Milanese Imbruttito

# TI STAVO PER CHIAMARE IO...

# Perché l'Imbruttita è smart!

Il Milanese Imbruttito MEETS L'IMBRUTTITA

# USA LA FOTOCAMERA DELL'IPHONE COME SPECCHIO

**Perchè il Milanese Imbruttito sclera con tutti quelli più lenti di lui, ma quando becca qualcuno più veloce...**

Il Milanese Imbruttito IN AUTO

# MA DOVE CAZZO CORRI?!

# LA SCHISCETTA IN PAUSA PRANZO: COME MANGIA UN VERO IMBRUTTITO?

**Occorre fare una premessa: ebbene sì, anche l'Imbruttito si serve della schiscetta per le sue pause pranzo, concedendosi sfiziosissimi *lunch break* (il termine schiscetta – o schiscia – d'altronde è nato a Milano!). Quando non è impegnato in palestra o in qualche meeting, l'Imbruttito ama mangiare bene anche se seduto al suo *desk*. Ma veniamo a noi: ecco le principali differenze della schiscetta tra Imbruttito e Giargiana...**

## IL TRASPORTO

Il M. I. arriva al mattino con un contenitore dal *packaging* avanguardistico (preferibilmente eco-sostenibile e dal design ricercato, comprato da Cargo per la modica cifra di 40 euro minimo), con posate annesse e chiusura ermetica per evitare spiacevoli fuoriuscite. Il Giargiana si presenta con un sacchetto della spesa contenente un frigoverre riciclato col coperchio mezzo rotto, che accidentalmente avrà chiuso male e dal quale traboccherà buona parte del pranzo. L'odore si sente a chilometri di distanza.

## IL CONTENUTO

Il M. I. ama prendersi cura del suo corpo e mangiare sano. Saltuariamente si concede della pasta, rigorosamente fredda, molto più spesso una insalatina veloce o del farro poco condito, così da rimanere leggero ed evitare l'abbiocco post pranzo.
Il Giargiana ha una innata predisposizione per il cibo unto, possibilmente fritto o contenente qualcosa che affoga nell'olio. Ecco dunque spuntare parmigiana, lasagna, pasta al forno, pasta alla norma e ogni qualsivoglia tipo di sugo. Ovviamente, riscalda tutto in microonde riempiendo di odori l'intero ufficio. A seguire, sonnellino di mezz'ora stravaccato sulla scrivania e scarpe slacciate per stare più comodo.

## LA PULIZIA

Per il M. I. sarebbe uno scempio sporcare la postazione di lavoro (o peggio ancora il suo nuovissimo Mac!), quindi predispone accuratamente dei tovaglioli sulla scrivania in modo da salvaguardarla mentre si concede il *lunch*. Appena terminato ripulisce subito, si lava mani e denti e torna operativo.
Il Giargiana, scattata l'ora della pausa pranzo e scaldato il suo fagottino, corre a piazzarsi davanti alla tv a guardare Sport Mediaset, lasciando poi impronte ovunque. A seguire risponderà al telefono e userà il pc senza nemmeno una passata di amuchina portatile.

“Perché dovrei farti passare, scusa?
Io mi sono fatto la coda come tutti,
ho perso tempo e soprattutto
ho mille cose da fare...”

## Il Milanese Imbruttito AL SUPER

# NON SOPPORTA CHI GLI CHIEDE SE PUÒ PASSARE AVANTI PERCHÉ DEVE PAGARE UN SOLO PRODOTTO

"Tutti io li trovo!"

Il Milanese Imbruttito

# NO, CIOÈ, TU NON PUOI CAPIRE!

**Ahahah!**

Il Milanese Imbruttito SU WHATSAPP

# QUANDO NON SA COSA SCRIVERE, SCRIVE "AHAHAHAH"

Telefonata in cui non si sente
praticamente un cazzo,
rischio altissimo di far volare l'iPhone
a ogni curva, però VERA ottimizzazione.

Il Milanese Imbruttito IN SCOOTER

# SI INFILA IL TELEFONO NEL CASCO

“Apri un po’ la finestra, va’!”

Il Milanese Imbruttito

# NON DICE "CHE PUZZA", DICE "FIGA CHE ODORE"

“Oggi si griglia
come se non ci fosse un domani!”

Il Milanese Imbruttito

# GRIGLIATINA?

Per allinearci sul mood.

Il Milanese Imbruttito IN OFFICE

# FACCIAMO UN CHECK

"Stasera? In realtà ho una cena in forse,
ci riaggiorniamo più tardi e ti dico."

Il Milanese Imbruttito

# HA SEMPRE QUALCOSA "IN FORSE"

Grande classico.
Perché il weekend è sacro,
e il venerdì è il momento celebrativo.
La partita sta per iniziare
e il Milanese Imbruttito è carico!

Il Milanese Imbruttito CLASSIC

# FIGA È VENERDÌ!

# IL M. I. E IL CAMBIO DI STAGIONE: LE 5 TIPOLOGIE

**Capita che a inizio settembre un giorno piova o tiri vento. Fateci caso: dal lunedì successivo, fa niente se è tornato il sole a 28 gradi, il M. I. esce in giacca, impermeabile e pantalone in fresco di lana. Capita anche che in aprile ci sia una giornata soleggiata con temperatura tropicale: a rigor di logica, il lunedì dopo dovrebbero tutti uscire in camicia di lino. E invece NIENTE! Come mai? Ecco 5 M. I. alle prese con il cambio di stagione:**

## IL BAMBINO IMBOTTITO

Figlio di madre ansiosa e padre ipocondriaco, il bambino imbottito deve il suo nome al Monclerino che lo accompagna otto mesi l'anno. Sciarpa al primo freddo e conseguenti derisioni dei compagni di classe sono sempre dietro l'angolo. Più infagotta il figlio più il genitore imbruttito può fargli sfoggiare i suoi costosi vestitini di Pupi Solari.

### L'ADOLESCENTE ATERMICO

Longilineo e poco sportivo, l'adolescente atermico gira con la felpa mezza stagione grigia tutto l'anno. Non teme il freddo anche se non ha la piuma d'oca, non teme il vento anche senza nylon. Ovviamente non teme la pioggia. E mai e poi mai lo vedrete con l'ombrello.

### LA RAGAZZA CROP TOP

Il suo sogno? Vivere a Miami! Il clima mite della Florida sarebbe l'ideale per il suo ombelico. Invece vive a Milano, quindi pazienza: si mette il crop top da marzo a ottobre, convincendosi di non sentire freddo.

### LA SCIURA ÂGÉE

Arriva maggio e lei è sempre lì, con le sue calzamaglie leggere, la camicia a trequarti e, tempo permettendo, il cardigan lungo. Mano mano che passano gli anni, cerca di nascondere zone sempre più vaste della sua superficie corporea, sopportando in silenzio inopportune vampate in nome dell'eleganza.

### IL VECCHIO COL LODEN

Qui a Milano ce n'è uno in ogni condominio! Spesso è un professionista che continua a lavorare da casa anche in età pensionabile. Lui da ottobre ad aprile non si pone domande: si mette il loden e poi va a controllare un po' di cantieri in Fiera!

segnalibro imbruttito

FIGA SE SEI LENTO!

IL MILANESE IMBRUTTITO

segnalibro imbruttito

CAZZOTILEGGI?!

IL MILANESE IMBRUTTITO

IL MILANESE IMBRUTTITO

**Name:** ..............................

Phone: ..............................

Email: ..............................

Twitter: ..............................

Skype: ..............................

Company Info: ..............................

Livello di Imbruttimento: ...... %

IL MILANESE IMBRUTTITO

**Name:** ..............................

Phone: ..............................

Email: ..............................

Twitter: ..............................

Skype: ..............................

Company Info: ..............................

Livello di Imbruttimento: ...... %

IL MILANESE IMBRUTTITO

**Name:** ..............................

Phone: ..............................

Email: ..............................

Twitter: ..............................

Skype: ..............................

Company Info: ..............................

Livello di Imbruttimento: ...... %

IL MILANESE IMBRUTTITO

**Name:** ..............................

Phone: ..............................

Email: ..............................

Twitter: ..............................

Skype: ..............................

Company Info: ..............................

Livello di Imbruttimento: ...... %

# RINGRAZIAMENTI

Grazie a Milano, che con il suo traffico, gli sbattimenti, i clacson, le mail, le riunioni, i parcheggi creativi, le code, i semafori rossi, le cene di lavoro, la palestra in pausa pranzo, le conference call, gli amicidiamici, i carissimi amici, il pavé, lo stress, la pioggia, i mezzi pubblici, i "tirichiamoiotra5minuti", gli aperitivi organizzati un mese prima, i Giargiana, i weekendini, le settimane full, il Fuorisalone, i concept, gli incastri tra due appuntamenti, la moda, i Navigli...
ha permesso tutto ciò!

DT 0023961242

IL BOOK DI MI
LANO MILANO

IL MILANESE I

RIZZOLI
RCS LIBRI

Finito di stampare presso
Centro Poligrafico Milano spa - Casarile - Milano
nel mese di maggio 2015

# CI RIAGGIORNIAMO

IL MILANESE IMBRUTTITO